AVERTISSEMENT.

UN Auteur occupé du foin de plaire au Public a-t'il tort de penser qu'il faut quelquefois essayer de le divertir sans le secours des Dieux & des Enchanteurs ? Peut-être en présentant à ce Public indulgent pour la Nouveauté, des Objets choisis dans les climats les plus reculez, accordera-t'il son suffrage à la singularité d'un Spectacle qui fournit à ERATO & à TERPSPICORE l'occasion d'exercer leur génie.

Quoyque la passion favorite des Heros célebrez par la Déesse de l'Harmonie inspire les mêmes sentimens sous les deux Poles, il existe de la différence dans le langage qui les exprime. Exceptons celuy des yeux qui s'entend par tout, & qui empêche l'Amour d'être étranger dans aucuns pays : l'Univers est sa Patrie. Mais quoyque les Amants suivent tous la même loy, leurs Caracteres Nationaux ne sont pas uniformes; cela suffit pour répandre dans un Poëme Lirique cette varieté si necessaire, à present que la source des Agrémens simples & naturels semble épuisée sur le Parnasse.

AVERTISSEMENT.

LA PREMIERE ENTRE'E du Ballet qu'on hazarde aujourd'huy est copiée d'après un illustre Original. C'est le grand-Visir Topal Osman, si connu par l'excés de sa generosité. On peut en lire l'Histoire dans le Mercure de France du mois de Janvier 1734.

J'espere que l'on conviendra que le Modelle respectable que j'ay choisi pour former mon vertueux Bacha, autorise les traits que j'ay donnez à la Copie : Un Turc semblable à Topal Osman, n'est pas un Héros imaginaire ; & quand il aime, il est susceptible d'une tendresse plus noble & plus délicate que celle des Orientaux. Son cœur est capable des efforts les plus magnanimes

LA SECONDE ENTRE'E remplie par les Incas du Perou, n'a pû être enrichie par la pompeuse Décoration de leur Temple du Soleil détruit par les heureux Conquerants de l'Amerique, ces Vainqueurs couverts des lauriers les plus dorez qu'on ait jamais cueillis sur les pas de Bellone.

Garcilasso de la Véga, Inca, Historien du Perou, né à Cusco * peut satisfaire les Curieux sur les détails de ce riche Empire ; ils s'instruiront chez cet Auteur Indien de tout ce qui concerne les Incas ; On y apprend que leurs Parents les plus éloignez se paroient du même Titre ; Celuy de Palla appartenoit

* Cusco Capitale du Pérou.

LES INDES GALANTES,

BALLET HEROIQUE

REPRÉSENTÉ

PAR L'ACADEMIE ROYALE

DE MUSIQUE;

Pour la premiere fois, le Mardy 23. Août 1735.

REMIS AVEC LA NOUVELLE ENTRE'E DES SAUVAGES,

Le Samedy dixiéme Mars 1736.

DE L'IMPRIMERIE
De JEAN-BAPTISTE-CHRISTOPHE BALLARD,
Seul Imprimeur du Roy, & de l'Académie Royale de Musique.

M. DCC XXXVI.
AVEC PRIVILEGE DU ROY.
LE PRIX EST DE XXX. SOLS.

AVERTISSEMENT.

à toutes les Princesses. On ne tiroit que de la famille Royalle les principaux Ministres de la Religion aussi étenduë que le pouvoir du Monarque. Les Cerémonies & les Festes des Peruviens étoient superbes.

Le Volcan qui sert au Nœud de cette Entrée Américaine n'est pas une invention aussi fabuleuse que les Opérations de la Magie. Ces Montagnes enflamées sont communes dans les Indes. Le Mexique est fameux par celle de Popocatépec, qui égale le Vésuve de Naples & le Gibel de Sicile : Quant au Perou il est fort sujet aux tremblements de terre. Bien des Voyageurs estimez attestent qu'ils ont rencontré de ces fournaises souterraines composées de bitume & de souffre qui s'allument facilement, & produisent des incendies terribles lorsqu'on fait rouler un seul morceau de rocher dans leurs Gouffres redoutables. Les Naturalistes les plus habiles appuyent le témoignage des Voyageurs par des raisonnemens Phisiques, & par des Experiences plus convainquantes encor que les Arguments. Me condamnera-t'on, quand j'introduis sur le Théatre un Phénoméne plus vray-semblable qu'un Enchantement? & aussi propre à occasioner des Symphonies Cromatiques? Un Sacrificateur payen, aveuglé par la jalousie & guidé par la fureur, se sert de ce dangereux Phénoméne pour réussir dans ses projets criminels ; Quels artifices ne risque pas l'Amour entraîné par le desespoir, & l'imposture cachée sous le manteau sacré de la Religion ? Phani n'est pas encore assez desabusée des erreurs de son culte, pour n'être pas frappée d'une terreur superstitieuse à la vuë d'un embrasement effroyable qu'on lui assure être une menace celeste ; cependant son antipatie pour Huascar lui inspire une fermeté que ne luy auroit jamais procuré la raison ; les idées que cette Princesse Indienne a des Espagnols, de leurs armes & de leurs Vaisseaux, la caracterisent. Antoine de Solis, & Augustin de Zarate, Relateurs les plus connus des Conquestes du Mexique & du Perou, seront les garands de cette proposition.

Le Divertissement de la TROISIEME ENTRE'E n'y est pas adapté sans fondement. Les Asiatiques aiment fort les Fleurs. Les Turcs & les Persans leur consacrent des jours dans la plus riante saison de l'année; & ces jours sont embellis non-seulement par l'exposition des Fleurs favorites rangées avec choix dans des Vases façonnez au Japon & à la Chine, mais encore par des illuminations brillantes dès que la nuit vient couvrir de ses voiles ces aimables trésors des Jardins ; ainsi, j'ay pû faire transporter l'inclination fleuriste dans les Indes par un Prince de Perse.

On n'a pas oublié dans toutes ces Entrées le goût que le Public montre à present pour les Ballets dan-

AVERTISSEMENT.

fants, où il découvre un Deſſein raiſonné & Pittoreſque. Goût judicieux qui devoit naître plûtôt dans un ſiecle éclairé, dans un ſiecle témoin du progrez des talens qu'il voit chaque jour, conduits par des Principes ſeurs, acquerir de la ſcience ſans perdre des graces.

Acteurs Chantants dans tous les Chœurs du Prologue & du Ballet.

CÔTÉ DU ROY.

Mesdemoiselles.	*Messieurs.*
Dun.	St. Martin.
	Lefebvre.
Cartou.	Louette.
Ducoudray.	Marcelet.
Delorge.	Deshais.
	Buseau.
Goussier.	Duplessis.
	Fel.
Lemaire.	Rimbault.
Varquin.	Grolier.

CÔTÉ DE LA REINE.

Mesdemoiselles.	*Messieurs.*
Antier-C.	Le Myre.
	Morand.
Thetelette.	Deserre.
	Thurier.
Charlard.	Dautrep.
	Galard.
Lavalée.	François.
	Houbault.
Deshaigles.	Bourque.
Bourbonois-C.	Bornet.

LES INDES GALANTES.

PROLOGUE.

ACTEURS CHANTANTS.

HEBE', *Divinité de la Jeunesse,* Mlle. Eeremans.
BELLONE, M^r. Cuignier.
L'AMOUR, Mlle. Petitpas.

ACTEURS DANSANTS.

LES ALLIEZ;

M^r. Bontemps.
Mlle. Fremicourt. } FRANÇOIS.

M^r. Javillier-C.
Mlle. Petit. } ITALIENS.

M^r. Dumay.
Mlle. Thybert. } ESPAGNOLS.

M^r. Dupré.
Mlle. Rabon. } POLONOIS.

GUERRIERS;

Messieurs Matignon, Malter-C., Savar.

JEUX ET PLAISIRS;

Mademoiselle Le Breton ;
Messieurs Malter-L., Hamoche ;
Mesdemoiselles Courcelle, Centuray, Binet, Saint-Germain.

*La Scene est dans les Jardins d'*HEBE'.

LES INDES GALANTES.

PROLOGUE.

Le Theâtre représente les Jardins du Palais D'HEBE'.

SCENE PREMIERE.

HEBE'.

Vous, qui d'Hebé suivez les loix,
Venez, rassemblez-vous, accourez à ma voix.
Vous chantez, dès que l'Aurore
Eclaire ce beau séjour:
Vous commencez avec le jour
Les Jeux brillans de Terpsicore;
Les doux instans que vous donne l'Amour
Vous sont plus chers encore.
Vous, qui d'Hebé, &c.

SCENE II.

HEBE', Troupe de Jeunesse Françoise, Espagnole, Italienne & Polonoise, qui accourt & forme des Danses gracieuses.

HEBE'.

Musettes, résonnez dans ce riant Boccage,
Accordez-vous sous l'ombrage
Au murmure des ruisseaux,
Accompagnez le doux ramage
Des tendres Oiseaux.

CHOEUR.

Musettes, résonnez dans ce riant Boccage,
Accordez-vous sous l'ombrage
Au murmure des ruisseaux,
Accompagnez le doux ramage
Des tendres Oiseaux.

Danse d'Amants & d'Amantes de la suite d'HEBE'.

HEBE'.

Amants, seurs de plaire
Suivez votre ardeur,
Chantez votre bonheur,
Mais sans offenser le mistere.

PROLOGUE.

Il est pour un tendre cœur
Des biens dont le secret augmente la douceur,
Songez qu'il faut les taire.

Amants seurs de plaire,
Suivez vôtre ardeur,
Chantez vôtre bonheur,
Mais sans offenser le mystere.

Danses interrompues par le bruit des Tambours.

HEBE',

Qu'entens-je ? les Tambours font taire nos Musettes !
C'est Bellonne : Ses cris excitent les Heros :
Qu'elle va dérober de Sujets à Paphos !

※※※※※※※※※※※※※※※※※※※※※※※※※※※※※※

SCENE III.

BELLONNE, HEBE', & sa Suite.

BELLONNE arrive au bruit des Tambours & des Trompettes qui la précedent avec des Guerriers portants des Drapeaux. Elle invite la Suite d'HEBE' à n'aimer que la gloire.

BELLONNE, à la suite d'HEBE'.

LA Gloire vous appelle ; écoutez ses Trompettes,
Hâtez-vous, armez-vous & devenez Guerriers.

Quittez ces paisibles retraites,
Combattez ; il est temps de cueillir des Lauriers :
La Gloire vous appelle.

LES INDES GALANTES,

Danse des Guerriers Joüants du Drapeau. Ils appellent les Amants des Nations alliées. Ces Amants genereux épris des charmes de la Gloire, se rangent près de BELLONNE & suivent ses Etendarts.

SCENE IV.
HEBE'.

Pour remplacer les Cœurs que vous ravit Bellone,
Fils de Venus lancez vos traits les plus certains ;
Conduisez les Plaisirs dans les climats lointains
Quand l'Europe les abandonne.

CHOEUR.

Traversez les plus vastes Mers,
Volez Amours, portez vos armes & vos fers
Sur le plus éloigné Rivage.

Est-il un cœur dans l'Univers
Qui ne vous doive son hommage.
Traversez les plus vastes Mers,
Volez, Amours, portez vos armes & vos fers
Sur le plus éloigné Rivage.

Les AMOURS s'envolent pendant le Chœur, & se dispersent loin de l'Europe dans les differents Climats des Indes.

FIN DU PROLOGUE.

LES INDES GALANTES.

PREMIERE ENTRÉE.
LES INCAS DU PEROU.

ACTEURS CHANTANTS.

HUASCAR-INCA, Ordonnateur de la feſte du Soleil, Mr. Chaſſé.

PHANI-PALLA, de la Race Royale, Mlle. Antier.

DOM-CARLOS, Officier Eſpagnol, Amant de PHANI, Mr. Jelyote.

ACTEURS DANSANTS.

INCAS ET PERRUVIENS;

Monſieur D-Dumoulin;

Meſſieurs Malter-C.; Javillier-L., Bontemps.

Meſſieurs Dupré, Dumay, Savar, Javillier-C.

Meſdemoiſelles Petit, Carville, Rabon, Fremicourt, Le Breton.

La Scene eſt dans un Deſert des Montagnes du Perou terminé par un Volcan.

LES INDES GALANTES.

PREMIERE ENTRÉE.
LES INCAS DU PEROU.

Le Theátre repréſente un Deſert du Perou, terminé par une Montagne aride. Le ſommet en eſt couronné par la bouche d'un Volcan, formée de Rochers calcinez couverts de cendres.

SCENE PREMIERE.
PHANI-PALLA, DOM-CARLOS
Officier Eſpagnol.

CARLOS.

Vous devez bannir de vôtre ame
La criminelle erreur qui ſéduit les Incas;
Vous l'avez promis à ma flâme:
Pourquoy differez-vous? non, vous ne m'aimez pas...

B

LES INDES GALANTES,

PHANI.

Que vous penetrez mal mon secret embaras !
Quel injuste soupçon !.. quoy, sans inquiétude,
  Brise-t-on à la fois
  Les liens du sang & des Loix ?
  Excusez mon incertitude.

CARLOS.

Dans un culte fatal, qui peut vous arrêter ?

PHANI.

Ne croyez point, Carlos, que ma raison balance ;
Mais, de nos fiers Incas je crains la violence...

CARLOS.

  Ah ! pouvez-vous les redouter ?

PHANI.

  Sur ces Monts leurs derniers aziles,
La fête du Soleil va les rassembler tous...

CARLOS.

Du trouble de leurs Jeux, que ne profitons nous ?

PHANI.

Ils observent mes pas...
CARLOS.
     Leurs soins sont inutiles,
  Si vous m'acceptez pour Epoux.

LES INCAS DU PEROU.

PHANI.

Allez, pressez ce moment favorable,
Délivrez-moy d'un séjour détestable;
Mais, ne venez pas seul... quel funeste malheur!
Si vôtre mort... le Peuple est barbare, implacable,
Et quelquefois le nombre accable
La plus intrépide valeur.

Allez; ma crainte est pardonnable;
Empruntez du secours, rassemblez vos Guerriers;

Conduisez leur courage à de nouveaux lauriers.

SCENE II.

PHANI-PALLA.

Viens, Hymen, viens m'unir au Vainqueur que j'adore;
Forme tes nœuds, enchaîne-moy.

Dans ces tendres instants où ma flâme t'implore,
L'Amour même n'est pas plus aimable que toy.

Viens, Hymen, &c.

SCENE III.

PHANI-PALLA, HUASCAR-INCA.

HUASCAR, à part.

Elle est seule.. parlons ; l'instant est favorable...
Mais je crains d'un Rival l'obstacle redoutable.
Parlons au nom des Dieux pour surprendre son cœur ;
Tout ce que dit l'Amour est toûjours pardonnable,
Et le Ciel que je sers doit servir mon ardeur.

à PHANI.

Le Dieu de nos climats dans ce beau jour m'inspire :
Princesse, le Soleil daigne veiller sur vous,
    Et luy-même dans nôtre empire,
Il prétend par ma voix vous nommer un époux.
Vous frémissez... d'où vient que vôtre cœur soupire ?
    Obéissons sans balancer
    Lorsque le Ciel commande.

Nous ne pouvons trop nous presser
D'accorder ce qu'il nous demande ;
  Y reflechir, c'est l'offenser.

Lorsque le Ciel commande,
Obéissons sans balancer.

LES INCAS DU PEROU.

PHANI.

Non, non, je ne crois pas tout ce que l'on assure
En attestant les Cieux ;
C'est souvent l'imposture
Qui fait parler les Dieux.

HUASCAR.

Pour les Dieux & pour moy quelle coupable injure !
Je sçais ce qui produit vôtre incredulité,
C'est l'amour. Dans vôtre ame, il est seul écouté.

PHANI.
L'Amour ! que croyez-vous ?

HUASCAR.
                        Ouy vous aimez, Perfide,
Un de nos Vainqueurs inhumains...
Ciel ! mettras-tu toujours tes armes dans leurs mains ?

PHANI.

Redoutez le Dieu qui les guide.

HUASCAR.

C'est l'or qu'avec empressement,
Sans jamais s'assouvir, ces Barbares dévorent,
L'or qui de nos Autels ne fait que l'ornement,
Est le seul Dieu que nos Tyrans adorent.

PHANI.

Témeraire ! que dites-vous !
Révérez leur puiſſance & craignez leur couroux.
Pour leur obtenir vos hommages,
Faut-il des miracles nouveaux ?
Vous avez vû de nos Rivages,
Leurs Villes voler ſur les eaux ;
Vous avez vû dans l'horreur de la guerre,
Leur invincible bras diſpoſer du tonnere...

SCENE IV.

HUASCAR-INCA, UN INCA ſon Confident.

On entend un Prélude qui annonce la Fête du Soleil.

HUASCAR, à part.

ON vient, diſſimulons mes tranſports à leurs yeux...
   à l'INCA qu'il appelle.
Vous ſçavez mon Projet. Allez ; qu'on m'obéiſſe...
   à part.
Je n'ay donc plus pour moy qu'un barbare artifice,
Qui de flâme & de ſang peut innonder ces lieux ?
Mais, que ne riſque point un amour furieux !

SCENE V.

FESTE DU SOLEIL.

HUASCAR-INCA, PHANI-PALLA ramenée par des INCAS, PALLAS ET INCAS, Sacrificateurs, PERUVIENS, ET PERUVIENNES.

HUASCAR.

Soleil, on a détruit tes superbes aziles,
Il ne te reste plus de temple que nos cœurs :
Daigne nous écouter dans ces deserts tranquilles,
Le zele est pour les Dieux le plus cher des honneurs.

Les PALLAS & les INCAS font leur adoration au Soleil.

HUASCAR.

Brillant Soleil, jamais nos yeux dans ta carriere,
N'ont vû tomber de noirs frimats !
Et tu répands dans nos climats
Ta plus éclatante lumiere.

CHOEUR.

Brillant Soleil, &c.

LES INDES GALANTES,

Danse de PERUVIENS ET PERUVIENNES.

HUASCAR.

Clair Flambeau du monde,
L'Air, la Terre & l'Onde
Ressentent tes bienfaits.

Clair Flambeau du monde,
L'Air, la Terre & l'Onde
Te doivent leurs attraits.

CHOEUR.

Clair Flambeau, &c.

HUASCAR.

Par toy, dans nos champs tout abonde;
Nous ne pouvons compter les biens que tu nous fais!
Chantons-les seulement: Que l'Echo nous réponde,
Que ton nom dans nos Bois retentisse à jamais.

CHOEUR.

Clair Flambeau, &c.

HUASCAR.

Tu laisses l'Univers dans une nuit profonde
Lorsque tu disparais!
Et nos yeux en perdant ta lumiere féconde,
Perdent tous leurs plaisirs; la Beauté perd ses traits.

CHOEUR.

CHOEUR.

Clair Flambeau, &c.

HUASCAR.

Permettez, Astre du jour,
Qu'en chantant vos feux nous chantions d'autres flâmes;
Partagez, Astre du jour,
L'encens de nos ames,
Avec le tendre Amour.

Le Soleil en guidant nos pas
Répand ses appas,
Dans les routes qu'il pare;
Raison, quand malgré tes soins
L'Amour nous égare,
Nous plaît-il moins ?

Vous brillez, Astre du jour,
Vous charmez nos yeux par l'éclat de vos flâmes;
Vous brillez, Astre du jour;
L'Astre de nos ames
C'est le tendre Amour.

On danse.

La Fête est troublée par un tremblement de terre.

CHOEUR.

Dans les abimes de la Terre,
Les vents se declarent la guerre !

LES INDES GALANTES,

L'Air s'obscurcit, le tremblement redouble, le Volcan s'allume, & jette par tourbillons du feu & de la fumée.

CHOEUR.

Les Rochers embrâsez s'élancent dans les airs !
Ils portent jusqu'aux Cieux les flâmes des Enfers !

L'épouvante saisit les PERUVIENS, l'Assemblée se disperse, HUASCAR arrête PHANI, & le tremblement de terre semble s'apaiser.

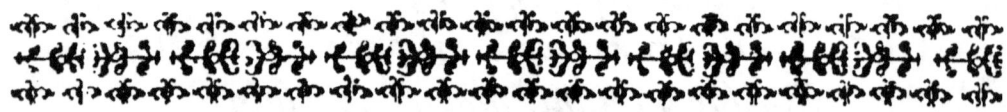

SCENE VI.

PHANI-PALLA, HUASCAR-INCA.

HUASCAR, à PHANI qui traverse le Théatre en fuyant.

Arrêtez. *Par ces feux le Ciel vient de m'apprendre,*
 Qu'à son Arrêt il faut vous rendre,
Et l'hymen....

PHANI.

Qu'allez-vous encor me réveler !
O jour funeste ! dois-je croire
Que le Ciel jaloux de sa gloire
Ne s'explique aux Humains qu'en les faisant trembler?

LES INCAS DU PEROU.

SCENE VII.
PHANI-PALLA, HUASCAR-INCA, DOM-CARLOS, Officier Espagnol.

HUASCAR, *l'arrêtant encore.*

*V*ous fuyez, quand les Dieux daignent vous appeller !
Eh bien, Cruelle, eh bien ! vous allez me connoître,
Suivez l'Amour jaloux.....

CARLOS.

Ton crime ose paroître !

PHANI.

Le Soleil jusqu'au fonds des Antres les plus creux
Vient d'allumer la Terre, & son couroux présage...

CARLOS.

Princesse, quelle erreur ! C'est le Ciel qu'elle outrage.
Cet embrâsement dangereux
Du Soleil n'est point l'ouvrage ;

Montrant HUASCAR.

Il est celui de sa rage.
Un seul Rocher jetté dans ces Gouffres affreux,
Y reveillant l'ardeur de ces terribles feux,
Suffit pour exciter un si fatal ravage.....
Le Perfide esperoit vous tromper dans ce jour,
Et que vôtre terreur serviroit son amour;
Sur ces Monts mes Guerriers punissent ses complices,
Ils vont trouver dans ces noirs précipices
Des tombeaux dignes d'eux....

à HUASCAR.

Mais, il te faut de plus cruels suplices.

à PHANI.

Accordez vôtre main à son Rival heureux,
C'est-là son châtiment.

HUASCAR.

Ciel! qu'il est rigoureux!

ENSEMBLE.

PHAN. & CARL. { *Pour jamais l'Amour nous engage,*
{ *Non, non, rien n'est égal à ma félicité!*

HUAS. { *Non rien n'égale ma rage!*
{ *Je suis témoin de leur félicité.*

LES INCAS DU PEROU.

PHA. & { *Ah ! mon cœur a bien mérité*
CARL. { *Le sort qu'avec vous il partage.*

HUAS. { *Faut-il que mon cœur irrité*
{ *Ne puisse être vangé d'un si cruel outrage ?*

Ils reprennent le Rondeau. PHANI & CARLOS s'adressent l'un à l'autre les Paroles de ce Trio; HUASCAR chante les siennes à part.

SCENE VIII.

Le Volcan se rallume, & le Tremblement de terre recommence.

HUASCAR.

LA flâme se rallume encore...
Loin de l'éviter, je l'implore...
Abîmes embrâsez, j'ay trahy les Autels,
Exercez l'employ du Tonnerre ;
Vangez les droits des Immortels ;
Déchirez le sein de la Terre ;
Sous mes pas chancelans,
Renversez, dispersez ces arrides Montagnes ;
Lancez vos feux dans ces tristes Campagnes,
Tombez sur moy, Rochers brûlans.

Le Volcan vomit des Rochers enflâmez qui écrasent le criminel HUASCAR.

FIN DE LA PREMIERE ENTRE'E.

LES INDES GALANTES.

DEUXIÉME ENTRÉE.
LE TURC GENEREUX.

ACTEURS CHANTANTS.

OSMAN, *Bacha d'une Isle Turque, de la Mer des Indes*,   Mr. Dun.

EMILIE, *jeune Provençale Esclave d'*OSMAN,   Mlle. Pellicier.

VALERE, *Officier de Marine, Amant d'*EMILIE,   Mr. Jelyote.

ACTEURS DANSANTS.

ESCLAVES AFFRIQUAINS;

Messieurs Savar, Javillier-C., Dumay, Dupré.

MATELOTS;

Monsieur Malter-3.; Mademoiselle Mariette.
Messieurs Hamoche, Dangeville, P-Dumoulin, F-Dumoulin.
Mesdemoiselles Petit, Carville, Fremicourt, Thybert.

La Scene est dans le Port d'une Isle Turque de la Mer des Indes.

LES INDES GALANTES.

DEUXIÉME ENTRÉE.
LE TURC GENEREUX.

Le Théatre représente les Jardins d'OSMAN Bacha, terminez par la Mer.

SCENE PREMIERE.
EMILIE, OSMAN.
EMILIE.

C'Est Osman qui me suit, ne luy cachons plus rien ;
Pour arrêter son feu, découvrons-luy le mien.
OSMAN, à EMILIE.
Cherchez-vous toûjours & l'ombre & le silence ?
EMILIE.
Je voudrois de mes maux cacher la violence.

D

OSMAN.

Ciel! qu'entens-je!

EMILIE.

Apprenez mon destin rigoureux.
Dans le séjour témoin de ma naissance
J'épousois un Amant digne de ma constance;
Sur un bord solitaire on commençoit les Jeux,
Lorsque des Ravisseurs perfides
Paroissent le fer à la main;
La terreur un instant ferme mes yeux timides,
Ils ne s'ouvrent qu'aux cris d'un Corsaire inhumain,
Bien-tôt les Vents & le Ciel même
Complices de son crime, éloignent ses Vaisseaux,
Et je me vois captive sur les eaux,
Près de ce que j'abhore, & loin de ce que j'aime.

OSMAN.

Qu'en peignant vos malheurs vous redoublez mes maux!
Dissipez vos ennuis sur cet heureux Rivage.

EMILIE.

J'y subis, sous vos loix, un second esclavage.

OSMAN.

Me reprocherez-vous de gêner vos desirs?
L'unique loy qu'icy vous prescrit ma tendresse,
C'est de permettre aux plaisirs
De vous y suivre sans cesse;
Répondez à mes vœux; couronnez mes soupirs.

EMILIE.

Contre mes Ravisseurs, ardent à me défendre,
Mon Amant a risqué ses jours ;
Lorsque pour prix de son secours
Peut-être un coup fatal l'a forcé de descendre
Dans l'affreuse nuit du tombeau,
Mon cœur ingrat, d'un feu nouveau
Se laisseroit surprendre !

OSMAN.

Ah ! que me faites vous entendre ?
C'est trop m'outrager par vos pleurs !
Cessez d'entretenir d'inutiles douleurs.

Il faut que l'Amour s'envole
Dès qu'il voit partir l'espoir.

A l'ennuy la constance immole
Le cœur qui la croit un devoir.

Il faut que l'Amour s'envole
Dès qu'il voit partir l'espoir.

Je vous quitte, belle Emilie,
Songez que le nœud qui vous lie
Vous cause chaque jour des tourmens superflus ;
Vous aimez un Objet que vous ne verrez plus.

SCENE II.
EMILIE.

Que je ne verray plus!... Barbare
Que me présage ce discours?
Ah! si de mon Amant le trépas me sépare,
Si mes yeux l'ont perdu, mon cœur le voit toûjours.

Le Ciel se couvre de nuages sombres, les vents sifflent, les flots s'élevent.

La nuit couvre les Cieux! quel funeste ravage!

L'obscurité & la tempeste redoublent.

Vaste Empire des Mers où triomphe l'horreur,
Vous êtes la terrible image
Du trouble de mon cœur.

Des vents impetueux vous éprouvez la rage,
D'un juste desespoir j'éprouve la fureur.

Vaste Empire des Mers où triomphe l'horreur,
Vous êtes la terrible image
Du trouble de mon cœur.

La Tempête continue avec la même violence.

LE TURC GENEREUX.

CHOEUR de Matelots qu'on ne voit point.

Ciel ! de plus d'une mort nous redoutons les coups !
Serons-nous embrasez par les feux du Tonnere ?
Sous les Ondes perirons-nous
A l'Aspect de la Terre !

EMILIE.

Que ces cris agitent mes sens !
Moy-même je me crois victime de l'orage.

La Tempête diminue & la clarté revient.
Mais le Ciel est touché de leurs perils pressants,
Le Ciel, le juste Ciel calme l'onde & les vents ;
Je souffrois dans le port les tourments du naufrage.

CHOEUR, qu'on ne voit point, de Matelots de l'Escadre de VALERE, échapez du naufrage & pris par les Turcs.

Que nous sert d'échaper à la fureur des Mers ?
En évitant la mort nous tombons dans les fers.

EMILIE.

D'infortunez Captifs vont partager mes peines
Dans ce redoutable séjour.....
S'ils sont Amants, ah ! que l'Amour
Va gemir sur ces bords dans de barbares chaînes !

SCENE III.
EMILIE, VALERE en Esclave.

EMILIE, à part.

UN de ces malheureux approche en soupirant !...
Helas ! son infortune est semblable à la mienne !
Quel transport confus me surprend ?
Parlons-luy. Ma Patrie est peut-être la sienne.
    L'abordant.   *Le reconnoissant.*
Etranger, je vous plains... Ah ! Valere ! c'est vous

VALERE la reconnoissant.
C'est vous ! belle Emilie !

ENSEMBLE.
EMILIE... Ah ! Valere ! c'est vous !
VALERE... C'est vous ! belle Emilie !
Je vous revois ! que de malheurs j'oublie !
De mon cruel destin je ne sens plus les coups.

EMILIE.
Par quel sort aujourd'huy jetté sur cette Rive....

VALERE.
Depuis l'instant fatal qui nous a separez,
Dans cent climats divers mes soupirs égarez,
Vous cherchent nuit & jour... je vous trouve captive.

LE TURC GENEREUX.

EMILIE.
Et ce n'est pas encor mon plus affreux malheur.
VALERE.
O Ciel ! achevez.
EMILIE.
Non, supendez ma douleur :
De vôtre sort daignez enfin m'instruire.
VALERE.
Un Maître que je n'ay point vû,
Dans ce Palais m'a fait conduire.....
EMILIE.
Vôtre Maître est le mien.
VALERE.
O bonheur imprévû !
EMILIE.
Valere, quelle erreur peut ainsi vous séduire ?
Mon Tyran m'aime...
VALERE.
O desespoir !
Non, vous ne sortirez jamais de son pouvoir !
Quoy ! Valere ne vous retrouve
Que pour vous perdre sans retour ?
Nôtre Tyran vous aime !
EMILIE.
Et ma douleur le prouve,
Je ne demandois pas ce triomphe à l'Amour.
VALERE.
Ah ! sçait-on vous aimer dans ce cruel séjour !
Sur ces bords une ame enflâmée
Partage ses vœux les plus doux ;
Et vous meritez d'être aimée
Par un cœur qui n'aime que vous.

SCENE IV.
EMILIE, VALERE en Esclave, OSMAN Bacha.

EMILIE, à VALERE.

Il vous entend, hélas ! comment fuir sa colere ?

OSMAN, à EMILIE.

Ne craignez rien ; je dois trop à Valere ;
Montrant VALERE.
Osman fût son Esclave, & s'efforce aujourd'huy
D'imiter sa magnificence...
Dans ce noble sentier, que je suis loin de lui !
Il m'a tiré des fers sans me connaître...

VALERE, l'embrassant.

Mon cher Osman, c'est vous ! Osman étoit mon Maître.

OSMAN.

Je vous ay reconnu sans m'offrir à vos yeux ;
J'ay fait agir pour vous mon zele & ma puissance.
Les Vaisseaux de VALERE, avancent & paroissent chargez des presens du Bacha, portez par des Esclaves Africains.
Vos Vaisseaux sont rentrez sous vôtre obéissance.

VALERE, surpris

Que vois-je ? ils sont chargez de vos dons précieux !
Que de bienfaits !

OSMAN,

Ne comptez qu'Emilie.

VALERE.

O Triomphe incroyable ! ô sublime Vertu !

EMILIE, à OSMAN.

Ne craignez pas que je l'oublie.

OSMAN.

Estimez moins un cœur qui s'est trop combatu.

LE TURC GENEREUX.

On entend les Tambourins des Matelots de VALERE.

Avec douleur.
J'entens vos Matelots... allez sur vos Rivages,
Mes ordres sont donnez... allez, vivez contens...
Souvenez-vous d'Osman...

VALERE, *l'arrêtant.*
Recevez nos hommages.

EMILIE, à OSMAN.
Ecoutez...

OSMAN.
Hésitant,   s'en allant.
Quoy!.. mais, non, c'est souffrir trop long-temps,
C'est trop à vos regards offrir mon trouble extrême...
Je vous dois mon absence, & la dois à moi-même.

SCENE V.
VALERE, EMILIE.

VALERE.
Fut-il jamais un cœur plus genereux ?
  Digne de nôtre eloge, il ne veut pas l'entendre...
Au plus parfait bonheur il a droit de prétendre,
  Si la vertu peut rendre heureux.

SCENE VI.

EMILIE, VALERE, PROVENCAUX ET PROVENCALES de leur Escadre, Esclaves Africains d'OSMAN.

EMILIE ET VALERE.

Volez, Zephirs, volez jeunes Amants de Flore ;
Si vous nous conduisez, tous nos vœux sont remplis.
Rivages fortunez de l'Empire des Lys,
Ah ! nous vous reverons encore.

CHOEUR.

Volez, Zephirs, volez jeunes Amants de Flore ;
Si vous nous conduisez, tous nos vœux sont remplis.
Rivages fortunez de l'Empire des Lys,
Ah ! nous vous reverrons encore.

Danse des MATELOTS.

EMILIE.

Fuyez, fuyez Vents orageux,
Calmez les Flots amoureux
Ris & Jeux.
Charmant Plaisir, fais nôtre sort
Dans la route comme au Port.

LE TURC GENEREUX.

Si quittant le Rivage
La raison fait naufrage
Thetis dans ce beau jour,
N'en sert que mieux l'Amour.

Fuyez, fuyez Vents orageux,
Calmez le Flots amoureux,
Ris & Jeux.
Charmant Plaisir, fais nôtre sort
Dans la route comme au Port. On danse.

EMILIE.
Regnez Amours, Regnez, ne craignez pas les flots;
Vous trouverez sur l'Onde un aussi doux repos
Que sous les myrthes de Cythere ;
Regnez Amours, Regnez, ne craignez pas les flots;
Ils ont donné le jour à vôtre aimable Mere.
On danse.

EMILIE.
Partez, on languit sur le Rivage,
Tendres Cœurs, embarquez-vous :

Voguez, bravez les vents & l'orage,
Que l'espoir vous guide-tous.

Partez, on languit sur le Rivage,
Tendres Cœurs, embarquez-vous.

LE CHOEUR avec EMILIE, chante cette Parodie en Dialogue.

FIN DE LA DEUXIE'ME ENTRE'E.

LES FLEURS,
TROISIÉME ENTRÉE.

ACTEURS CHANTANTS.

TACMAS, *Prince Persan, Roy dans les Indes.* — M^r. Tribou.

FATIME, *Sultane Favorite, déguisée en Esclave Polonois.* — Mlle. Petipas.

ATALIDE, *Sultane.* — Mlle. Ecremans.

ROXANE, *Confidente d'ATALIDE,* — Mlle. Bourbonnois.

ACTEURS DANSANTS.

ZEPHIRE,   Monsieur D-Dumoulin.
BORE'E,   Monsieur Javillier-L.
LA ROSE,   Mademoiselle Sallé.

DIFFÉRENTES FLEURS;

Mesdemoiselles Le Breton, Fremicourt, Thybert, Petit, Courcelle, Centuray.

La Scene est dans le Jardin du Palais de TACMAS.

LES INDES GALANTES.

TROISIÉME ENTRÉE.
LES FLEURS,
FESTE PERSANE.

Le Théatre représente les Jardins de TACMAS.

SCENE PREMIERE.

ROXANE, FATIME en Esclave Polonois.

ROXANE, la considerant.

Ous offrez à nos yeux un Esclave charmant !
Mais, ne craignez-vous point Fatime,
   Qu'on ne vous fasse un crime
   De ce déguisement ?

FATIME.

La Fête qui bien-tôt doit être célébrée,
   De nos Jardins permet l'entrée ;
Pour me cacher ainsi, j'ay saisi ce moment.

J'aime Tacmas, & je le crois volage ;
Je ne puis resister à mes transports jaloux...
         Je viens chercher sous cet ombrage,
Les funestes Attraits qui causent mon courroux.
Je soupçonne Atalide...

ROXANE.
            Atalide est aimable ?

FATIME.
       Cet Objet redoutable
A mes regards encor ne s'est pas presenté ;
Et peut-être ma crainte ajoûte à sa Beauté !

Dans ce jour où des Fleurs on prépare la Fête,
J'espere la trouver sous ces sombres Ormeaux ;
Et me livrant au soin qui dans ce bois m'arreste...
Hélas ! je vais guerir ou redoubler mes maux !

ROXANE.
Ah ! vôtre Amant peut-il être infidelle ?
Pour le croire constant, il suffit de vous voir.
Un cœur où vous regnez, a-t-il donc le pouvoir
         De prendre une chaîne nouvelle ?
Ah ! vôtre Amant peut-il être infidelle ?

FATIME.
L'Hyver dans ces Jardins n'ose outrager les Fleurs ;
       Sous cette immortelle verdure
Il n'ose des ruisseaux suspendre le murmure,
Et jamais, de l'Aurore il n'y glace les pleurs ;

LES FLEURS, FESTE PERSANE.

Sans cesse dans nos Prez, Flore arreste Zephire,
Et jamais, l'Aquilon ne nous ôte un beau jour;
Tout rit dans ce charmant séjour:
Faut-il que seule j'y soupire ?
Je brûle d'éclaircir le sort de mon amour...

SCENE II.
FATIME en Esclave Polonois, ROXANE. ATALIDE.

FATIME.

On vient.

ROXAME, se retirant.

C'est Atalide. Evitons sa présence.

ATALIDE, à part, examinant FATIME.

Cet Esclave est nouveau... risquons ma confidence.
Mon foible cœur est las d'enfermer son secret;
Parlons, quand je devrois trouver un indiscret,
Je ne puis plus garder un funeste silence.

FATIME, à part, examinant ATALIDE.

Plus je vois ma Rivale, & plus je sens d'effroy,
Ses charmes, de Tacmas me prouvent l'inconstance.

ATALIDE, à FATIME.

Aimable Esclave, apprenez-moy
Si vous suivez Tacmas...

FATIME.

Je vis sous sa puissance,
Je l'ay vû fort long-temps se fier à ma foy.

ATALIDE.

Vous possedez sa confiance ?
Que vous êtes heureux de pouvoir chaque jour
Luy marquer vôtre zele !

FATIME.

Vous l'aimez ! vos soupirs trahissent vôtre amour...

ATALIDE.

Ouy ; Tacmas est l'objet de mon ardeur fidelle...

FATIME, saisie.

Vous l'aimez...

ATALIDE.

Je l'adore & mon cœur enflâmé
N'a jamais tant aimé !

La chaîne qui m'engage est faite
Pour n'en briser jamais les nœuds.

Ma tendresse est aussi parfaite
Que le cher Objet de mes vœux.

La chaîne qui m'engage est faite
Pour n'en briser jamais les nœuds.

FATIME, à part.

Elle aime trop, hélas ! pour n'être point aimée...
   Vivement à ATALIDE.
Ah ! c'est d'un Inconstant que vous êtes charmée !

LES FLEURS, FESTE PERSANE.

Un Inconstant devroit-il être heureux ?
C'est un crime que sa victoire ?
Plus il trahit de tendres feux,
Plus il se croit comblé de gloire.
Un Inconstant devroit-il être heureux ?
C'est un crime que sa victoire ?

ATALIDE.
Un Inconstant ! que dites-vous ?
Le Prince n'aime que Fatime...
Ses discours, ses soupirs, ses regards, tout l'exprime :
Croyez-en mes transports jaloux...

FATIME, vivement.
Tacmas n'est point volage ! O Ciel ! est-il possible !

ATALIDE, surprise.
J'esperois que mes maux vous trouveroient sensible,
Je comptois sur vos soins pour toucher mon Amant,
Et vous semblez jouir de mon cruel tourment !

SCENE III.
FATIME, en esclave Polonois, ATALIDE, TACMAS.

ATALIDE.
Tacmas approche. Amour, c'est toy seul que j'implore,
Tu dois servir mon cœur de même qu'il t'adore.

F

LES INDES GALANTES,

TACMAS, examinant FATIME.

Un Esclave inconnu dans ces lieux ose entrer !
Quoy ! Fatime, c'est vous !

ATALIDE, à part.

Ciel ! c'est à ma Rivale,
Que je suis venu declarer
Son triomphe éclatant, & ma peine fatale...

SCENE IV.

TACMAS, FATIME, en Esclave Polonois.

TACMAS.

Fatime, expliquez-moy vôtre déguisement.

FATIME.

Au repos de mon cœur il étoit necessaire.
De ce cœur fidelle & sincere,
Il vient de calmer le tourment...
Je craignois vôtre changement.

TACMAS.

Eh quoy ! trop injuste Fatime,
Vous m'avez soupçonné d'un crime,
Vous vous êtes livrée à des soupçons jaloux !
Pour accuser mes feux, quelle preuve avez-vous ?

LES FLEURS, FESTE PERSANE.

FATIME.

La Jalousie est-elle sage ?
L'aimable Aurore, en vain se leve sans nuage,
Et nous promet un jour charmant ;
Pour troubler l'Univers, il ne faut qu'un moment,
Nos cœurs comme les flots sont sujets à l'orage.

ENSEMBLE.

Après l'orage, un doux repos
Calme les cœurs comme les flots.

On entend le Prélude de la Fête.

TACMAS.

Fatime, ces Concerts nous annoncent la Fête
Qu'à la gloire des Fleurs, dans ce Bois on aprête :
Allons-y ; près de vous, je ne la verray pas ;
Près de vous, on ne peut penser qu'à vos appas.

SCENE V.

LA FESTE DES FLEURS.

La Ferme s'ouvre ; alors tout le Théatre represente des Berceaux illuminez & decorez de Guirlandes, & de Pots de Fleurs. Des Symphonistes & des Esclaves chantants sont distribuez dans des Balcons de feüillages. D'aimables Odaliques de diverses Nations de l'Asie portent dans leurs coëffures & sur leurs habits, les Fleurs les plus belles : L'une, a pour parure, la Rose ; L'autre la Jonquille : Enfin, toutes se singularisent par des Fleurs differentes.

CHOEUR.

Dans le sein de Thetis précipitez vos feux,
Fuyez, Astre du jour, laissez regner les ombres ;
Nuit, étendez vos voiles sombres ;
Vos tranquiles moments favorisent les Jeux.

TACMAS, à FATIME.

C'est vous qui faites mes beaux jours,
Que de Fleurs sous vos pas vont s'empresser de naître!
Que de Zéphirs, en les voyant paraître,
Vont voler près de vous, & suivre les Amours!

On danse.

ROXANE.

Triomphez agreables Fleurs,
Répandez vos parfums, ranimez vos couleurs.

CHOEUR, *Triomphez*, &c.

ROXANE.

C'est parmi vous qu'Amour cache sous la verdure
Ses feux les plus ardents, ses plus aimables traits :
Le Printemps vous doit ses atraits,
Vous parez la Saison qui pare la Nature.

CHOEUR, *Triomphez*, &c.

ROXANE.

Vous tenez le rang suprême
Sur les bords de nos Ruisseaux ;
Et vous embellissez dans les jours les plus beaux,
La Beauté même.

CHOEUR, *Triomphez*, &c.

LES FLEURS, FESTE PERSANE.

FATIME.

Regnez Amours, volez Zephirs,
De nos Bois vous faites les charmes....

Fuyez soupçons fâcheux, fuyez tristes allarmes,
Gardez-vous d'occuper le séjour des plaisirs.

Regnez Amours, volez Zéphirs;
De nos Bois vous faites les charmes.

On danse.

FATIME.

Papillon inconstant, vole dans ce Boccage,
Arrête-toy, suspens le cours
De ta flâme volage.

Jamais si belles fleurs sous ce naissant ombrage,
N'ont merité de fixer tes amours.

Papillon inconstant, vole dans ce Boccage,
Arrête-toy, suspens le cours
De ta flâme volage.

BALLET DES FLEURS.

CE Ballet represente pittorefquement le fort des Fleurs dans un Jardin. On les a perfonifiées ainfi que Borée & Zéphire, pour donner de l'ame à cette Peinture galante, executée par d'aimables Efclaves de l'un & de l'autre fexe. D'abord les Fleurs choifies qui peuvent briller davantage au Théatre, danfent enfemble, & forment un Parterre qui varie à chaque inftant. La Rofe leur Reine, danfe feule. La Fefte eft interrompuë par un orage qu'amene Borée ; les Fleurs en éprouvent la colere, La Rofe réfifte plus long-temps à l'ennemy qui la perfecute ; les Pas de Borée expriment fon impetuofité & fa fureur ; les attitudes de la Rofe, peignent fa douceur & fes craintes ; Zéphire arrive avec fa clarté renaiffante ; il ranime & releve les Fleurs abatues par la tempête, & termine leur Triomphe & le fien par les hommages que fa tendreffe rend à la Rofe.

FIN.

APROBATION.

J'AY lû par Ordre de Monfeigneur le Garde des Sceaux, *Le Ballet des Indes Galantes.* Fait ce dix-huitiéme Aouft mil fept cent trente-cinq. GALLYOT.

PRIVILEGE DU ROY.

LOUIS par la grace de Dieu, Roy de France & de Navarre : A nos amez & feaux Conseillers, les Gens tenans nos Cours de Parlement, Maîtres des Requêtes ordinaires de nôtre Hôtel, Grand Conseil, Prevôt de Paris, Baillifs, Sénéchaux, leurs Lieutenans-Civils, & autres nos Justiciers qu'il appartiendra, Salut. Nôtre cher & bien amé le Sieur LOUIS-ARMAND EUGENE DE THURET, cy-devant Capitaine au Regiment de Picardie ; Nous a fait représenter que, par Arrest de nôtre Conseil du 30. May 1733. Nous avons revoqué le Privilege qui avoit été accordé au Sieur le Comte & ses Associez, pour raison de l'Academie Royale de Musique, ses circonstances & dépendances, & rétabli ledit Privilege en faveur dudit Sieur Exposant, pour en joüir par luy, les Associez, Cessionnaires & Ayans-cause aux charges & conditions portées par ledit Arrest, pendant le temps & espace de vingt-neuf années, à compter du premier Avril de ladite année 1733 & que pour l'exploitation dudit Privilege, ledit Sieur Exposant se trouve obligé de faire imprimer & graver les Paroles & la Musique des Opera qui doivent être représentez ; mais que pour cet effet il a besoin de nôtre permission & des Lettres qu'il Nous a tres-humblement fait supplier de luy accorder. A CES CAUSES, voulant favorablement traiter ledit Exposant ; Nous luy avons permis & permettons par ces Présentes de faire imprimer & graver les Paroles & Musique des Opera, Ballets & Fêtes qui ont été ou qui seront représentez par l'Academie Royale de Musique, tant séparément que conjointement en tels Volumes, forme, marge, caractere, & autant de fois que bon luy semblera, & de les faire vendre & débiter par tout nôtre Royaume, pendant le temps de vingt-neuf années consecutives, à compter du jour de la datte desdites Présentes. Faisons défenses à toutes personnes, de quelque qualité & condition qu'elles soient d'en introduire d'Impression ou Gravûre Etrangere dans aucun lieu de nôtre obeïssance : Comme aussi à tous Imprimeurs, Libraires, Graveurs, Imprimeurs, Marchands en Taille-Douce, & autres de graver, ny faire graver, imprimer, ou faire imprimer, vendre, faire vendre, débiter ny contrefaire lesdites Impressions, Planches & Figures de Paroles, de Musique des Opera, Ballets & Fêtes, qui ont été ou qui seront representez par ladite Academie Royale de Musique, tant séparément que conjointement en tout ny en partie, sans la permission expresse & par écrit dudit Sieur Exposant, ou de ceux qui auront droit de luy ; à peine de confiscation, tant des Planches & Figures, que des Exemplaires contrefaits & des Ustanciles qui auront servy à ladite contrefaçon, que Nous entendons être saisis en quelque lieu qu'ils soient trouvez ; de dix mille livres d'amende contre chacun des Contrevenans, dont un tiers à Nous, un tiers à l'Hôtel-Dieu de Paris, l'autre tiers audit Sieur Exposant, & de tous dépens, dommages & interests, à la charge que ces Présentes seront enregistrées tout au long sur le Registre de la Communauté des Libraires & Imprimeurs de Paris, dans trois Mois de la datte d'icelles ; Que la Gravûre & Impression desdites Paroles & Opera sera faite dans nôtre Royaume & non ailleurs, en bon papier & beaux caracteres, conformément aux Reglemens de la Librairie, & notamment à celui du dix Avril 1725. & qu'avant que de les exposer en vente, les Manuscrits gravez ou imprimez seront remis dans le même état où les Aprobations auront été données és mains de nôtre tres-cher & feal Chevalier Garde des Sceaux de France, le Sieur Chauvelin ; & qu'il en sera ensuite remis deux Exemplaires de chacun dans nôtre Bibliotheque publique, un dans celle de nôtre Château du Louvre, & un dans celle de nôtre tres-cher & feal Chevalier Garde des Sceaux de France, le Sieur Chauvelin ; Le tout à peine de nullité des Présentes ; Du contenu desquelles Vous mandons & enjoignons de faire joüir ledit Sieur Exposant, ou ses Ayans-cause, pleinement & paisiblement sans souffrir qu'il leur soit fait aucun trouble ou empeschement. Voulons que la Copie desdites Présentes, qui sera imprimée tout au long au commencement ou à la fin desdites Paroles ou Opera, soit tenüe pour dûement signifiée ; & qu'aux Copies collationnées par l'un de nos amez & feaux Conseillers & Secretaires, foy soit ajoûtée comme à l'Original. Commandons au premier nôtre Huissier ou Sergent, de faire pour l'execution d'icelles tous Actes requis & necessaires, sans demander autre permission, & nonobstant Clameur de Haro, Chatre Normande & Lettres à ce contraires. CAR tel est nôtre plaisir. DONNÉ à Fontainebleau le douziéme jour de Novembre, l'An de Grace mil sept cent trente-quatre, & de nôtre Regne le vingtiéme ; Et plus bas, Par le Roy en son Conseil. Signé SAINSON, avec paraphe.

J'ay cédé à M. BALLARD le présent Privilege, suivant le Traité fait avec luy le premier Septembre 1730. A Paris ce 23. Novembre 1734. DE THURET.

Registré ensemble la Cession sur le Registre VIII. de la Chambre Royale des Libraires & Imprimeurs de Paris. N. 797. fol. 779. conformément aux anciens Reglemens confirmez par celuy du 28. Fevrier 1723. A Paris le 23. Novembre 1734. G. MARTIN, Syndic.

LES SAUVAGES,
NOUVELLE ENTRÉE
AJOUTÉE AU BALLET
DES INDES GALANTES;

Le Samedy 10. Mars 1736.

A

ACTEURS CHANTANTS.

DAMON, *Officier François d'une Colonie dans l'Amerique*,   Mr. Jelyote.

DOM ALVAR, *Officier Espagnol d'une Colonie dans l'Amerique*,   Mr. Dun.

ZIMA, *Fille du Chef d'une Nation Sauvage.*   Mlle. Pellicier.

ADARIO, *Amant de* ZIMA, *Commandant les Guerriers de la Nation Sauvage*,   Mr. Cuvillier.

Sauvages & Sauvagesses, Guerriers François, Amazones Françoises.

ACTEURS DANSANTS.
SAUVAGES ET SAUVAGESSES.

Monsieur Dupré;
Monsieur Malter-3. Mademoiselle Mariette.
Messieurs P.-Dumoulin, F.-Dumoulin, Dangeville;
Mesdemoiselles S. Germain, Thybert, Fremicourt.

AMAZONES FRANCOISES.

Mesdemoiselles Carville, Rabon, Durocher.

GUERRIERS FRANCOIS.

Monsieur Javillier-2, Savar, Javillier-3.

La Scene est dans un Bois de l'Amerique, voisin des Colonies Françoises & Espagnoles.

LES SAUVAGES,
NOUVELLE ENTRÉE.

Le Theâtre repréſente un Boſquet d'une Forêt de l'Amerique, voiſine des Colonies Françoiſes & Eſpagnoles, où doit ſe célébrer la Ceremonie du grand Calumet de Paix.

SCENE PREMIERE.

On entend les Fanfares des Trompettes Françoiſes.

ADARIO, Commandant les Guerriers de la Nation Sauvage.

Nos Guerriers, par mon ordre unis à nos Vainqueurs,
Vont icy de la Paix célébrer les douceurs ;
Mon cœur ſeul dans ces lieux trouve encor des allarmes:
J'y vois deux Etrangers illuſtres par les armes,
Epris de l'Objet de mes vœux ;
Je crains leurs ſoupirs dangereux,
Et que leur ſort brillant, pour Zima n'ait des charmes.

A ij

LES INDES GALANTES,

Rivaux de mes Exploits, Rivaux de mes Amours,
Helas! dois-je toûjours
Vous céder la victoire?

Ne paroissez-vous dans nos Bois
Que pour triompher à la fois
De ma tendresse & de ma gloire?

Rivaux de mes Exploits, Rivaux de mes Amours,
Helas! dois-je toûjours
Vous céder la victoire?

Les apercevant.
Dieux! ils cherchent Zima... voudroit-elle changer?
Cachons-nous... découvrons ce que je dois en croire;
Sachons & si je dois, & sur qui me vanger. *

* Adario se cache, à l'entrée de la Forest & les observe.

LES SAUVAGES.

SCENE II.

DAMON, Officier de la Colonie Françoise,
DOM ALVAR, Officier de la Colonie Espagnole.
ADARIO, Commandant les Guerriers de la Nation Sauvage, caché.

ALVAR.

DAmon, quelle vaine esperance
Sur les pas de Zima vous attache aujourd'huy ?
Vous outragez l'Amour & vous comptez sur luy !
Croyez-vous ses faveurs le prix de l'inconstance ?

DAMON.

L'inconstance ne doit blesser
Que les attraits qu'elle abandonne ;
Non, le fils de Venus ne peut pas s'offenser
Lorsque nous recevons tous les fers qu'il nous donne.

Un cœur qui change chaque jour,
Chaque jour fait pour luy des Conquêtes nouvelles ;
Les fidelles Amants font la gloire des Belles,
Et les Amants legers font celle de l'Amour.

Dans ces Lieux fortunez c'est ainsi que l'on pense ;
De la tiranique constance
Les cœurs n'y suivent point les loix.

ALVAR, apercevant ZIMA.

Tout les prescrit au mien, c'est Zima que je vois.

SCENE III.

ZIMA, fille du Chef de la Nation Sauvage, DAMON, Officier d'une Colonie Françoise, DOM ALVAR, Officier d'une Colonie Espagnole, ADARIO, Commandant les Guerriers de la Nation Sauvage, caché.

ALVAR, à ZIMA.

Ne puis-je vous fléchir par ma persévérance ?

DAMON, à ZIMA.

Ne vous lassez-vous point de vôtre indifference ?

ZIMA.

Vous aspirez tous-deux à mériter mon choix ;
Aprenez quel amour sçait plaire dans nos Bois.
Nous suivons sur nos bords l'innocente nature,
Et nous n'aimons que d'un amour sans art.
Nôtre bouche & nos yeux ignorent l'imposture ;
  Sous cette riante verdure,
S'il éclate un soupir, s'il échape un regard,
  C'est du cœur qu'il part.
Nous suivons sur nos bords l'innocente nature,
Et nous n'aimons que d'un amour sans art.

LES SAUVAGES.
ALVAR ET DAMON.
Vous décidez pour moy ; j'obtiens vôtre suffrage ;
Ah ! quel heureux instant !

ALVAR.
La Nature qui seule attire vôtre hommage
Nous dit qu'il faut estre constant....

DAMON.
Elle prouve à nos yeux qu'il faut être volage.
La Terre, les Cieux, & les Mers
Nous offrent tour-à-tour cent spectacles divers ;
Les plus beaux jours entr'eux ont de la différence ;
N'est-il deffendu qu'à nos cœurs
De gouter les douceurs
Que verse par tout l'inconstance.

à ZIMA.
Voilà vos sentimens : dans vos sages Climats
L'inconstance n'est point un crime.

ZIMA.
Non, mais vous oubliez, ou vous ne sçavez pas
Dans quel temps l'inconstance est pour nous légitime.
Le cœur change à son gré dans cet heureux séjour ;
Parmi nos amants c'est l'usage
De ne pas contraindre l'Amour ;
Mais dès que l'Hymen nous engage
Le cœur ne change plus dans cet heureux séjour.

LES INDES GALANTES,

ALVAR, montrant DAMON.

L'Habitant des bords de la Seine
N'est jamais moins arrêté
Que lorsque l'Hymen l'enchaîne;
Il se fait un honneur de sa legereté,
Et pour l'Epouse la plus belle
Il rougiroit d'etre fidelle.

DAMON, montrant ALVAR.

Les Epoux les plus soupçonneux,
Du Tage habitent les rives;
Là mille Beautez plaintives
Reçoivent de l'hymen des fers & non des nœuds;
Vous ne voyez jamais autour de ces Captives
Voltiger les Ris & les Jeux.
Belle Zima, craignez un si triste esclavage...

ALVAR, à ZIMA.

Cédez, cédez enfin à mes soins empressez.

ZIMA.

Je ne veux d'un Epoux ni jaloux ni volage.

à L'ESPAGNOL.   au FRANÇOIS.

Vous aimez trop, Et Vous, vous n'aimez pas assez.

SCENE IV.

LES SAUVAGES.

SCENE IV.

ZIMA, DAMON, ALVAR, ADARIO, sort avec vivacité de la Forest, ZIMA charmée de son transport, luy présente la main.

ALVAR, les apercevant.

Que vois-je ?

ZIMA.

C'est l'Amant que mon cœur vous préfere.

ALVAR, à ZIMA.

Vous osez prononcer un Arrêt si fatal.

ZIMA.

Dans nos Forests on est sincere.

ALVAR, montrant ADARIO.

Je sçauray m'immoler un odieux Rival.

ADARIO, fierement à ALVAR.

Je craignois ton amour, je crains peu ta colere.

ALVAR, s'approchant.

C'en est trop.

DAMON, arrêtant ALVAR,

Arrêtez.

ALVAR, surpris.

Damon, y pensez-vous ?
Quoy, c'est vous qui prenez contre moi sa défense!

DAMON, à ALVAR.

J'ay trop protegé l'inconstance
Pour ne pas m'opposer à l'injuste couroux
Qui vous est inspiré par la persévérance.

On entend un Prélude qui annonce la Feste.

Déja dans les Bois d'allentour
J'entends de nos Guerriers les bruyantes Trompettes,
Elles n'allarment plus ces aimables retraites,
Leurs Concerts de la Paix annoncent le retour.

à ALVAR.

A vos tristes regrets dérobez ce beau jour;
Que le plaisir avec nous vous arrête...

ALVAR, s'éloignant.

Helas ! je dois cacher un malheureux amour!

DAMON, le suivant.

Venez plûtôt l'amuser à la Fête.

SCENE V.
ADARIO, ZIMA.

ADARIO.

JE ne vous peindrai point les transports de mon cœur,
Belle Zima, jugez-en par le vôtre.
En comblant mon bonheur
Vous montrez qu'une égale ardeur
Nous enflâme l'un & l'autre.

ZIMA.

De l'amour le plus tendre éprouvez la douceur,
Je vous dois la préference.
De vous à vos Rivaux je vois la difference.
L'un s'abandonne à la fureur,
Et l'autre perd mon cœur avec indifference ;
Nous ignorons ce calme & cette violence.

Sur nos Bords l'Amour vole & prévient nos désirs.
Dans nôtre paisible retraite
On n'entend murmurer que l'Onde & les Zéphirs ;
Jamais l'Echo n'y répete
De regrets ny de soupirs.
Sur nos Bords l'Amour vole & prévient nos désirs.

LES INDES GALANTES,

ADARIO.

Viens, Hymen, hâte-toy, suis l'Amour qui t'appelle.

ENSEMBLE.

Hymen, viens nous unir d'une chaîne éternelle;
Viens encor de la Paix embellir les beaux jours;
Je te promets d'être fidelle;
Tu sçais nous captiver & nous plaire toûjours.

LES SAUVAGES.

SCENE VI.

ZIMA, ADARIO, FRANÇOISES en habits d'Amazones, GUERRIERS François & Sauvages, SAUVAGESSES; BERGERS de la Colonie.

ADARIO, aux Sauvages.

Bannissons les tristes allarmes,
Nos Vainqueurs nous rendent la Paix :
Partageons leurs plaisirs, ne craignons plus leurs armes;
Sur nos tranquiles Bords qu'Amour seul à jamais
Fasse briller ses feux, vienne lancer ses traits.

CHOEUR des Sauvages.
Bannissons, &c.

Danse du grand Calumet de Paix, executée par les Sauvages.

ZIMA, ET ADARIO.

Forêts paisibles,
Jamais un vain desir ne trouble ici nos cœurs :
S'ils sont sensibles,
Fortune, ce n'est pas au prix de tes faveurs.

CHOEUR des Sauvages.
Forêts paisibles, &c.

LES INDES GALANTES,

ZIMA, ET ADARIO.

Dans nos Retraites,
Grandeur, ne viens jamais
Offrir tes faux attraits,
Ciel ! tu les as faites.
Pour l'innocence & pour la paix.

CHOEUR des Sauvages.

Forêts paisibles,
Jamais un vain désir ne trouble ici nos cœurs :
S'ils sont sensibles,
Fortune, ce n'est pas au prix de tes faveurs.

ZIMA ET ADARIO.

Jouissons dans nos aziles,
Jouissons des biens tranquilles :
Ah ! peut-on être heureux
Quand on forme d'autres vœux ?

CHOEUR des Sauvages,

Forêts paisibles, &c.

Danse des Françoises en Amazones.

LES SAUVAGES.
ZIMA.

Regnez Plaisirs & Jeux ; triomphez dans nos Bois :
Nous n'y connoissons que vos loix.

Tout ce qui blesse
La tendresse
Est ignoré dans nos ardeurs.
La Nature qui fit nos cœurs.
Prend soin de le guider sans cesse.

Regnez Plaisirs & Jeux ; triomphez dans nos Bois ;
Nous n'y connoissons que vos loix.

L'Entrée finit par un Ballet general des Guerriers François & Sauvages, des Françoises en Amazones, des Bergers & Bergeres de la Colonie, au bruit des Trompettes, & au son des Musettes.

FIN.

Le Privilege du Roy, & l'Aprobation sont à la fin du Ballet des INDES GALANTES ;
Le tout étant de la même Imprimerie.

Le Recueil general des Paroles des Opera a préfentement quatorze Volumes, qu'on vend enfemble   35. liv.
On vend feparément les trois derniers,   9. liv.

On vient de donner auffi *le Sixiéme Livre des Parodies Nouvelles & des Vaudevilles Inconnus*, qu'on vend fix livres, de même que chacun des précedents.

www.ingramcontent.com/pod-product-compliance
Lightning Source LLC
LaVergne TN
LVHW022115080426
835511LV00007B/835